超高齢社会と認知症について知る本

監修 長田乾

③ 健康に年をとるために

Gakken

もくじ
contents

はじめに

　現在、日本や世界の多くの国で、高齢化が進んでいます。人類の歴史上、高齢者の割合がこんなに高い社会はなかったので、これまでにはなかった問題や課題が出てきています。

　本書では、小中学生のみなさんに楽しみながら学んでいただけるように、マンガとクイズをとおして超高齢社会と認知症について解説しています。

　第3巻では、超高齢社会に暮らすみなさんが健康に生きるための過ごし方について考えます。意外に思うかもしれませんが、認知症の予防は子どものころからできます。

　小中学生のみなさんは、自分が高齢者になることなど想像できないかもしれません。しかし、誰もが等しく時間を重ね、やがて高齢期を迎えます。みなさんが高齢者になるころには、高齢者をとりまく環境も変わっているかもしれません。100歳まで長生きする人は、今よりもっと増えていることでしょう。

　この本をきっかけに、みなさん一人ひとりが健康について考え、健康に年を重ねて、豊かな人生を送ることを心から願っています。

横浜総合病院
横浜市認知症疾患医療センター　センター長　　**長田 乾**

病院で
おばあちゃんは
軽い"認知症"と診断された

お薬を食後に飲んで
人に会う機会を
なるべく増やして
ください

そういやあんまり
おばあちゃんたちと
会ってなかったな

もっと
話したり
お出かけ
したいって

おばあちゃんは
思ってたかな？

7

あらケンタくん
こんにちは

どうしたの？
元気ないね

そう…
おばあさまが

心配ね

うん…

僕にも何か
できないかな

ときどきしか
会わないし

もっと
困(こま)ってるときに
手助(てだす)けしたり…

でもどう
接(せっ)していいか
わかんない

かわいい！

いいんですか？

うん

9

二人に
プレゼント

ときどきでも
笑顔を見せてくれたら
それでいいのよ

二人と
話してると
元気になるのは

ケンタくんの
おばあさまも
同じなんだから

あのっ
これ…

おばあちゃんに
あげてもいい？

それから
僕たち家族は

おばあちゃんちに
ときどき
行くようになった

あっ
このお花！

リナが
あげたやつ

え？

かわいいな

？

かわいいでしょ

でしょ！
私のお気に入り

毎日
水やりが
楽しみなのよ

母さん昔から
花が好きだもんな

お兄ちゃん
どうしたの？

ううん

おばあちゃんは
お父さんの
お母さんなんだなって

僕のお父さん
お母さんも
いつか年をとる

今もこれからも
ずっと支えあって
生きていきたいな

1 健康に気をつけて生活しよう

年をとっても元気で過ごすために、
今からできることは何でしょうか。

　年をとると、誰でも体はおとろえていくものです。耳が聞こえにくくなったり、目が見えにくくなったり、ひざが痛くなったりするのと同じように、脳の機能も少しずつ落ちていくため、認知症になってしまうこともあります。みなさんのおじいちゃんやおばあちゃん、お父さん、お母さんも例外ではありません。

　年をとったときの自分を想像するのは難しいかもしれませんが、子どものころから健康に気をつけていくことが大切です。規則正しい生活を心がけ、毎日ぐっすり眠ること、好き嫌いせずに3食きちんと食べることなどが大切です。

毎日の生活で、何に気をつけたらいいのかな？

Q1

耳の健康によいことは？
一つ選ぼう。

ア なるべく大きなめんぼうで、耳そうじをする。

イ ヘッドホンで音楽を聴くときは音量を大きくする。

ウ 耳に水が入ったら、軽くふく。

プールに入ると、耳に水が入ることがあるよね。

 **ウ** **耳に水が入ったら、軽くふく。**

耳そうじも必要ですが、めんぼうでゴシゴシそうじすると、耳あかは奥に入っていってしまいます。お風呂やプールで耳に水が入ったときも、めんぼうで耳の奥までふきとろうとするのはかえってよくありません。軽くふく程度で十分です。

また、ヘッドホンやイヤホンで大音量の音楽を聴く習慣がある人も注意が必要です。「ヘッドホン難聴（イヤホン難聴）」といって、将来耳が聞こえにくくなる危険性があります。音量を下げて聴いたり、長時間続けて聴かないようにしたりして、予防しましょう。

 イヤホンで音楽を聴くときは
音量を上げすぎないよう気をつけなきゃ。

難聴があると認知症になりやすい

難聴になると、小さな音や高い音が聞こえにくくなります（→① p.28）。テレビを見なくなったり、人と話をするのが面倒になったりして、社会から孤立することがあります。人との関わりが減るため、認知機能（記憶・判断・理解・思考など）の低下にもつながります。

右のグラフのように、難聴のない人と比べると、認知症になるリスクは軽度の難聴で約2倍、中等度の難聴で3倍、高度の難聴になると5倍近くも高まります。

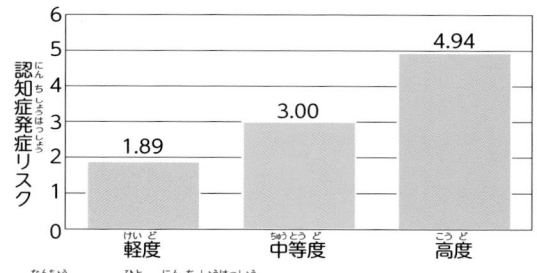

※難聴でない人の認知症発症リスクを1としたとき。
(Lin FR, et al. Arch Neurol. 68:214-220, 2011)
難聴の程度と認知症発症リスク

Q2

歯や歯ぐきの健康によいことは？
一つ選ぼう。

ア やわらかいものだけ食べる。

イ 炭酸飲料をたくさん飲む。

ウ 食事やおやつのあと、歯みがきをする。

 どんな食べものが歯にいいのかな？

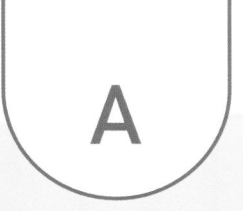

 **ウ** 食事やおやつのあと、歯みがきをする。

歯には、ごはんを食べるときに食品をしっかりかみ砕くのはもちろん、「きちんと発音する」「かむことで脳に刺激を与える」などの役割もあります。また、虫歯菌や歯周病菌（歯ぐきの病気の原因になる菌）は歯や歯ぐきを壊していくだけでなく、血管を通って全身に運ばれ、心臓の病気や目の病気につながることもあります。

食後やおやつを食べたあとにきちんと歯みがきをして、虫歯や歯周病の予防をしましょう。また、カルシウムを多く含む食品（牛乳、チーズ、小魚、豆腐など）を多くとることも、虫歯予防につながります。

虫歯が見つかったら、なるべく早く歯医者さんで
治療してもらったほうがいいよ！

［ 残っている歯の数と認知症の関係 ］

高齢者の残っている歯の数と、認知機能は大きく関係しています。22 〜 32 本残っている人を 1 とすると、11 〜 21 本の人で 3.5 倍、0 〜 10 本の人で約 20 倍も認知機能低下のリスクが高まります。

ただし、自分の歯がほとんどなくても、入れ歯などを入れていると、そのリスクが下がる可能性があるといわれています。

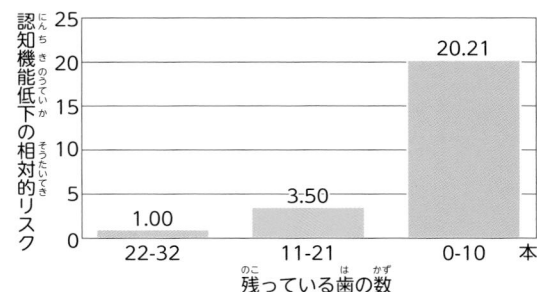

(Saito Y, et al. Annals of General Psychiatry 12:20, 2013)

高齢者の残っている歯の数と認知機能低下のリスク

Q3

目の健康によいことは？
一つ選ぼう。

ア 太陽を見る。

イ 寝転んでスマートフォンを使用する。

ウ 遠くの景色をながめる。

きれいな景色を見ると、目もいやされるよね。

 **ウ** ▶ 遠くの景色をながめる。

....

　スマートフォンやパソコンなどの画面を長時間見続けると、ピントを調節する目の筋肉が硬直し、視力の低下を招くことがあります。定期的に遠くの景色をながめると筋肉の硬直が緩むのでよいでしょう。

　太陽の光を直接見るのは危険です。また、スマートフォンやパソコンのバックライトなどから出るブルーライトという強い光は、目の奥にまで届きます。夜遅くまで見ていると眠りが妨げられることもあるので注意が必要です。寝転んでスマートフォンの画面を見ると、左右の視力が変わってしまう可能性があります。

ベッドでスマートフォンを見るのは
やめたほうがいいね！

［ 近視の子どもが増えている！ ］

　文部科学省が毎年行っている学校保健統計調査によると、遠くのものが見えにくくなる近視の子どもが増えています。スマートフォンを見る機会が増え、学校でタブレット端末が導入されたことも、関係があるのではないかと考えられています。

　スマートフォンやタブレット端末を見るときは目から30cm以上離し、30分ごとに20秒ほど遠くを見て目を休ませてください。

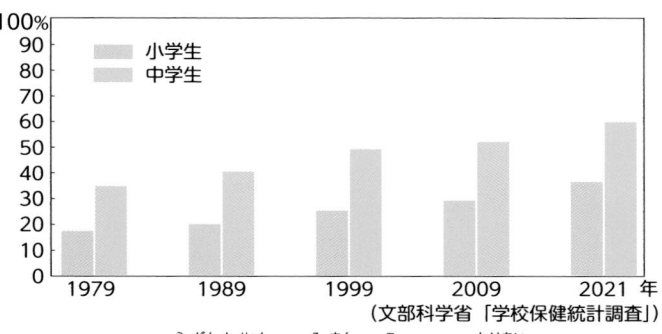

（文部科学省「学校保健統計調査」）

裸眼視力1.0未満の子どもの割合

あなたの健康度チェック！

病気を予防し、健康な生活を送るために**自分の健康度をチェック**してみましょう。下の表で、あてはまるものに○をつけていきましょう。

1	3食しっかり食べ、いろいろな種類の食べ物を食べている。(→ p.14)	
2	おやつをとりすぎない。	
3	早寝早起きをしている。	
4	ぐっすり眠ることができる。(→ p.14)	
5	すっきり排便ができる。	
6	外から帰ったら手洗い、うがいをしている。	
7	食事の前に手洗いをしている。	
8	食事のあとに歯みがきやうがいをしている。(→ p.18)	
9	お風呂に入って体を清潔にしている。	
10	1日30分以上は、外で遊ぶか、運動をしている。	
11	テレビやゲームは、時間を決めている。(→ p.20)	
12	自分が好き。	
13	友だちと仲よくできる。	

（文部科学省「わたしの健康」）

〈○の数が10以上の人〉
これからも健康によい生活を続けましょう。

〈○の数が9～6の人〉
よりよい健康な生活のためにがんばりましょう。

〈○の数が5以下の人〉
がんばろう！　毎日の生活を振り返って、できることから始めましょう。

2 認知症は予防できるの？

最近の研究から、「どうすれば認知症になりにくいか」
ということが少しずつわかってきています。

　虫歯にならないためには歯みがきをしますが、認知症を予防するために、何かできることはあるのでしょうか？　完全に予防する方法はまだ見つかっていませんが、認知症になりにくくする方法がいくつかわかってきています。
　最近の研究から、頭を使うと脳の血流が増え、神経のネットワークが強くなって認知症になりにくくなることがわかってきました。本を読むこと、クイズやパズルを解くことはもちろん、人と話したり、料理をつくったり、スポーツをしたりすることも認知症の予防になるといわれています。

認知症を予防できるなら、
おじいちゃんやおばあちゃんにすすめてあげたいな！

Q4

将来、認知症になりにくいのはどんな子ども？
一つ選ぼう。

ア たくさん勉強している子ども。

イ スマートフォンを使う時間が長い子ども。

ウ 毎日、ヘディングの練習をしている子ども。

勉強すると脳にいいのかな？

 **ア** たくさん勉強している子ども。

認知症の予防は高齢者だけの問題ではなく、実は子ども時代から始まっています。

これまでのさまざまな研究から、アルツハイマー型認知症（→② p.18）の9つの要因が紹介されており、その中の一つが「学校に通った期間の短さ」です。海外の研究で、12歳くらいで学校をやめた人と、高校・大学に進学した人を比べたら、後者のほうが認知症になりにくいことがわかっています。

また、子ども時代に複雑な文章が書けた人は、単純なことしか書けなかった人と比べると、高齢になってからも認知症になりにくいという研究結果もあります。

 認知症にならないよう、ぼくも勉強がんばっちゃおうかな！

「認知予備能」って何？

認知機能が下がることに抵抗する力を「認知予備能」といいます。

アルツハイマー型認知症の原因となる物質が脳の中にある人たちの中で、認知症を発症していない人が3割ほどいます。それは、この3割の人たちの認知予備能が高いからです。

認知予備能にはいくつかの要因があり、その一つが「学校に通った期間が長い」ことです。学校に長く通うだけでなく、子どものころからたくさん勉強し、頭を使うことで認知予備能を高め、認知症を予防することが可能です。ほかには、複雑で頭を使う仕事をしたり、外国語を身につけたりしている人は、この認知予備能が高くなりやすいのです。頭を使う以外にも、運動をする習慣がある人、社会参加（地域のお祭りの準備や、ボランティアをするなど）をしている人も、認知予備能が高いといわれています。

Q5

認知症になりやすいのはどんな大人？一つ選ぼう。

ア 大またで早く歩く大人。

イ 毎日外出する大人。

ウ たばこを吸っている大人。

たばこは体によくないけれど、脳にもよくないのかな？

ウ たばこを吸っている大人。

たばこを吸うと、肺の病気を招くだけでなく、そのほかの病気にもなりやすくなります。認知症も例外ではありません。

たばこに含まれるニコチンという成分には、血圧を上げるはたらきがあり、血圧が上がると、血管性認知症やアルツハイマー型認知症になりやすいと考えられています。

また、中年期（40〜50代ごろ）に太っていると将来認知症になる可能性が高くなります。いっぽうで、高齢になってからは、やせている人のほうが認知症になりやすいといわれています。

たばこは、一度吸い始めるとやめるのが大変なんだって。

生活習慣病と認知症

認知症を招く原因の一つに、生活習慣病があります。生活習慣病とは、食生活、運動習慣、ストレス、喫煙・飲酒などの生活習慣が影響して引き起こされる病気の総称です。代表的なものに、がん、心臓病、脳卒中、糖尿病、COPD（慢性閉塞性肺疾患）、歯周病などがあります。

高血圧が続くと、脳卒中（脳の血管が詰まる脳梗塞と脳の血管から出血する脳出血がある）が引き起こされることがあり、これが血管性認知症の大きな原因になります。

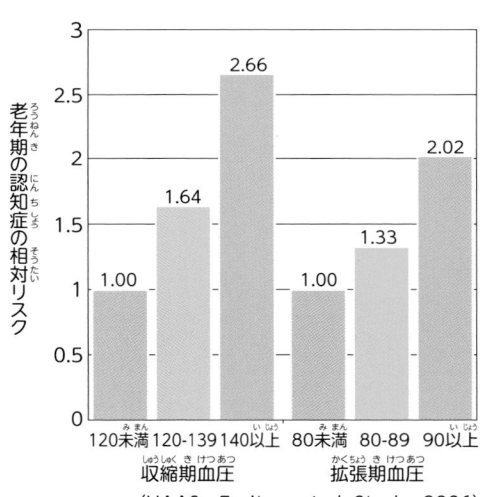

老年期の認知症の相対リスク

収縮期血圧			拡張期血圧		
120未満	120-139	140以上	80未満	80-89	90以上
1.00	1.64	2.66	1.00	1.33	2.02

(HAAS Freitag, et al. Stroke 2006)

中年期の血圧と老年期の認知症のリスク

Q6

高齢者が認知症を予防する方法は？ 一つ選ぼう。

ア 毎日散歩をする。

イ なるべく外に出ず、体を休める。

ウ 補聴器をつけるのをがまんする。

散歩をすると、気分転換にもなるね。

 毎日散歩をする。

疲れないように家に引きこもることは、むしろ認知症を引き寄せることになってしまいます。毎日散歩することが、認知機能を高め、認知症を遠ざけます。

認知症になるリスクの一つに、「社会的孤立」があります。ずっと家にいると、友人や地域の人などと交流する機会が少なくなり、社会との接点が減ってしまいます。そういった社会的孤立状態の人は、そうでない人に比べて認知症リスクが 26% も高いということが、中国とイギリスの大学の共同研究によって明らかにされています。

おじいちゃん、おばあちゃんといっしょに、お話ししながら散歩してみるのもいいでしょう。

人と会う機会が多い高齢者のほうが認知症になりにくいんだね。

高齢者の運動習慣

運動習慣のない人と比べると、運動習慣のある人は、認知症を発症するリスクが低いという研究結果があります。運動習慣のない人を 1 とすると、ウォーキングより強度の高い運動を週 3 回以上する人は、認知症を発症するリスクが 0.63 と低くなります。中でも、アルツハイマー型認知症の発症リスクは 0.50 に抑えられます。

運動の習慣は認知症の予防につながるということです。

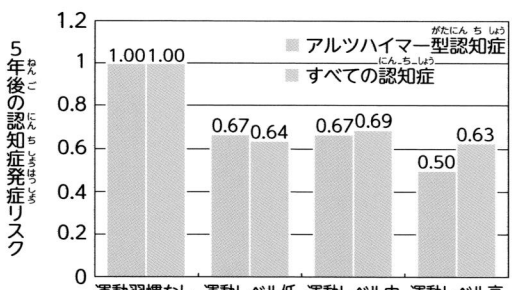

※運動レベル低は、運動週 3 回未満、もしくはウォーキングより強度の低い運動を週 3 回以上。運動レベル中は、ウォーキング程度の強度の運動を週 3 回以上。運動レベル高は、ウォーキングより強度の高い運動を週 3 回以上。
(Laurin D, et al. Arch Neurol, 58: 498-504, 2001)

高齢者の運動習慣と認知症発症リスク

Q7

認知症の進行を抑えるには？
一つ選ぼう。

ア 趣味を楽しむ。

イ 身の回りのことや家事をすべて人に任せる。

ウ 仕事をやめて静かに暮らす。

好きなことは続けるほうがいいのかな？

29

 **ア** 趣味を楽しむ。

認知症になっても、症状が軽いうちに病気の進行を緩やかにすることができれば、今までどおりの生活を続けることができます。そのために、自分の身の回りのことは、できるところまで自分でしたほうがよいといわれています。同じように、病気が影響をおよぼさない仕事なら、続けたほうがよいのです。

趣味を楽しむことも、認知症の進行を抑えることにつながります。楽器の演奏が好きな人は発表会を目指して練習したり、絵をかくのが好きな人は展示会に出したりしてみるとよいでしょう。周りの人や家族にほめてもらうことは、認知症の人にとってよい刺激になります。

 年をとっても楽しめるように、いろんな趣味をもっておきたいな！

[**認知機能の低下を抑える要素とは？**]

右のグラフの中で、上に書かれているのは認知機能（記憶・判断・理解・思考など）の低下を進める要素（促進因子）、下に書かれているのは認知機能の低下を抑える要素（防御因子）です。仕事やボランティア活動をすること、運動を積極的に行うことなどで、認知機能の低下を緩やかにすることができます。

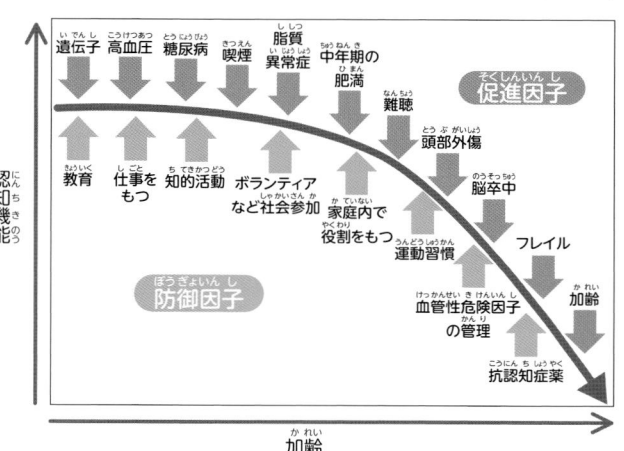

認知機能の低下を進める要素と抑える要素

Q8

認知症の家族の介護で困ったとき、
どうする？　一つ選ぼう。

ア 何があっても家族だけで介護する。

イ 気分転換のために引っ越しをする。

ウ 地域包括支援センターに相談する。

 地域包括支援センターって何だろう？

ウ 地域包括支援センターに相談する。

　家族だけで認知症の人を介護し続けるには限界があります。また、引っ越しや模様替えで環境が大きく変わると、認知症の人を混乱させることになるので、さけたほうがよいといわれています。

　近所にある「地域包括支援センター」は、介護や福祉のさまざまな相談に乗ってくれる機関です。主任ケアマネジャーや社会福祉士、保健師（→② p.32）など、介護の専門家がそろっています。「もしかしたら認知症かも」と思ったときから、心配ごとを相談できます。

　全国で5,000か所以上あり、すべての市町村に設置されています（2021年4月現在）。自分の住んでいる地域ではどこにあるのか探してみましょう。

　　できるだけ早いうちに相談したほうがいいんだって。

[地域包括支援センターってどんなところ？]

専門知識をもった職員が、以下のような業務を行っています。
◎介護に関する困りごとについて、さまざまな相談に乗る。
◎認知症が進まないための介護予防のケアプランなどをつくる。
◎詐欺や悪質な訪問販売にだまされないように、高齢者の権利を守る。
◎ケアマネジャーへサポートやアドバイスなどを行う。

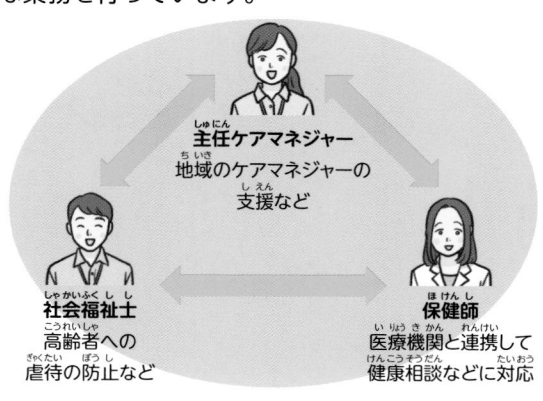

主任ケアマネジャー
地域のケアマネジャーの支援など

社会福祉士
高齢者への虐待の防止など

保健師
医療機関と連携して健康相談などに対応

イングランド発！
小学生のヘディング禁止のわけは？

イングランドのサッカー協会は、これまで小学生のヘディング練習を禁止してきました。さらに2022年、12歳以下の子どもの試合中、意図的なヘディングを禁止するルールを試験的に導入することになりました。なぜなのでしょうか？

これは、元サッカー選手が一般の人に比べて、認知症になるリスクが3倍以上高いという研究結果を踏まえた決定です。日本サッカー協会（JFA）でも、幼児期から15歳までの子どもの指導者に対し、脳へのダメージが小さい強度・方法でヘディングを習得できるような「育成年代でのヘディング習得のためのガイドライン」を作成し、注意を呼びかけています。

また、アメリカの研究では、頭を強くぶつけるなどの頭部外傷によって、認知症を発症するリスクが高くなることがわかっています。意識障害を起こすような頭部外傷を経験すると、男性で5.6倍、女性で3.2倍もリスクが高まるという結果が公表されています。

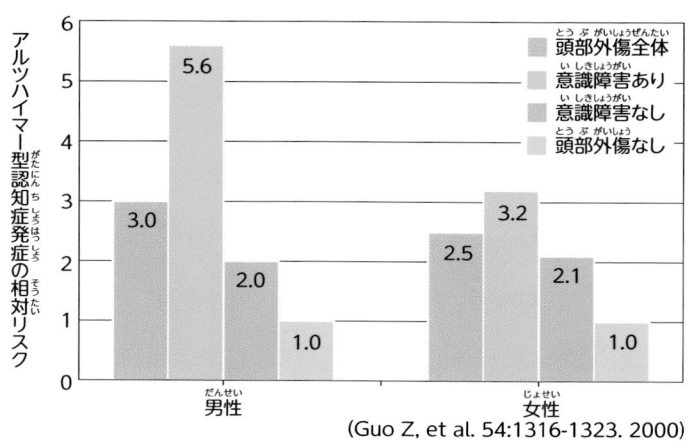

(Guo Z, et al. 54:1316-1323. 2000)

頭部外傷とアルツハイマー型認知症発症のリスク

遠い場所でも大丈夫
学童クラブと高齢者施設の多世代交流

核家族が多くなり、高齢者とともに暮らす子どもが減っています。
高齢者と接する機会の少ない子どもにとって「多世代交流」は
よいきっかけとなり、子どもから活力や元気をもらえる高齢者にとっては、
認知症予防にもつながります。

子どもと高齢者の交流はオンラインでも可能です

保育園や小中学校、児童館などの子どもが使う施設と、老人ホームやデイサービスなどの高齢者施設を併設した「幼老複合施設」が増えています。このような施設では、四季折々のイベントで「多世代交流」が行われたり、授業の一環として子どもたちが高齢者施設にボランティアで訪れたりすることがあります。

「幼老複合施設」以外でも、さまざまな「多世代交流」が行われています。

東京都練馬区の学童クラブ「大泉東小ねりっこクラブ」の子どもたちと、神奈川県川崎市のサービス付き高齢者向け住宅（自立している高齢者のための住まい）「ココファン武蔵新城」の高齢者たちがオンラインで交流しました。

ココファン武蔵新城の自己紹介として、毎日行っているラジオ体操を、大泉東小ねりっこクラブの子どもたちといっしょに行いました。「ラジオ体操ははじめて」「楽しかった」と子どもたち。ココファン武蔵新城では通常であれば参加者は5人ほどですが、この日は子どもたちといっしょと聞いて多くの人が参加しました。

ココファン武蔵新城のリビングには、ここで暮らす20名ほどの高齢者が集まりました。

画面に向かってラジオ体操。いすに座ったまま体操をする高齢者も。

画面を見つめる大泉東小ねりっこクラブの子どもたち。

「けんだまをやります。」と書いた紙をカメラに映してから、けん玉の技に挑戦する子どもたち。

画面越しでも笑顔になれる！
多世代交流はお互いによい刺激が

　次に大泉東小ねりっこクラブの子どもたちがけん玉や皿回し、こまの技の発表会をしました。高齢者からは「すごい！」と歓声が上がったり、拍手がおきたりしました。

　最後にプレゼント交換です。大泉東小ねりっこクラブの子どもたちからココファン武蔵新城の高齢者に贈られたのは、心のこもった手紙と、オリジナルキャラクターの絵。ココファン武蔵新城の高齢者からは、折り紙でつくった色とりどりの作品。オンラインでも、心が通った交流会でした。

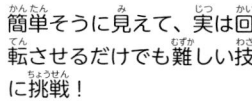

皿回しに挑戦。見ている高齢者からは感心の声が上がりました。

簡単そうに見えて、実は回転させるだけでも難しい技に挑戦！

子どもたちとの交流にニコニコ顔のココファン武蔵新城の参加者。

大泉東小ねりっこクラブの子どもたちからのプレゼントは、個性的なオリジナルキャラクターのカード。

ココファン武蔵新城から子どもたちに贈られたのは、この日のために高齢者がつくった折り紙作品です。

3 元気で長生きするには

元気な高齢者の姿を見て、私たちは今後どのようにして
過ごしていけばよいのか、考えてみましょう。

　日本は世界の中でも長生きをする人の多い国で、最近では100歳を超える
人も増えています。
　前期高齢者といわれる65〜74歳の人の多くは仕事を持っていたり、ボラ
ンティアなどの社会活動に参加したりしています。75歳以上の後期高齢者の
中にも、仕事のほか社会的役割を果たしている人がいます。
　政府は「人生100年時代構想会議」を開き、一人ひとりの100年の人生を
充実したものにするため、さまざまな視点から政策をつくり直しています。人
生100年時代に長く健康で暮らすには、どうしたらよいのでしょうか。

ぼくも100歳まで生きられるかな？

Q9

日本に住む 65 歳以上の高齢者のうち、
働いている人はどれくらい？

ア 約3人に1人。

イ 約5人に1人。

ウ 約10人に1人。

スーパーやコンビニなどでも、
働いている高齢者を見かけるね！

A

ア　約3人に1人。

　内閣府の2022年高齢社会白書によると、65歳以上の人のうち、収入を伴う仕事をしている人は30.2%います。75歳以上の高齢者でも、少数派ですが仕事を続けている人がいます。
　企業や自治体が、ある年齢に達すると仕事を退職しなければならないと定めた制度を「定年退職（略して定年）」といいます。日本ではこれまで60歳が定年とされてきましたが、近年、段階的に引き上げられていて、65歳を定年としている企業もあります。
　また、家庭内においても、家族の介護を担うのが65歳以上の高齢者である場合が増えています。社会でも家庭でも、高齢者はいろいろな役割を果たしているのです。

定年という制度があるんだね〜。

［ 高齢になっても仕事をしている人 ］

　65歳以上で働いているのは、一度退職したあとにもう一度同じ会社で働く人、以前から農業や漁業を営んでいる人や小売店を営んでいる人、会社や団体の役員、パートタイマーや臨時職員などです。
　ほかの調査では、収入を伴う仕事をしている人のうち「生きがいを感じる」と答えた人が81.3%います。収入を伴う仕事をしていない人の68.3%と比べると、仕事をもつことでいきいきとした老後の暮らしを営んでいることがわかります。

自営農林漁業（家族従業者も含む）
自営商工サービス業（家族従業者も含む）
不明・無回答

男性（n=984）　6.2%　7.2　7.1　7.2　12.0　収入の伴う仕事はしていない 58.7

会社または団体の役員
フルタイムの被雇用者
パートタイム・臨時の被雇用者

女性（n=1,065）　3.4　2.5　11.5　76.4
2.3%　1.7

（2022年）（内閣府「高齢社会白書」）

65歳以上の高齢者の収入を伴う仕事

Q10

健康寿命って何？
一つ選ぼう。

ア 心臓が止まるまでの期間。

イ 働いている期間。

ウ 介護を受けずに生きられる期間。

平均寿命とはどう違うんだろう？

 介護を受けずに生きられる期間。

平均寿命とは、その年に0歳の人が、平均して何歳まで生きるかを計算した値で、日本人の平均寿命は2021年現在、男性81.47歳、女性87.57歳です。このうち、健康でいられる期間を健康寿命といい、厚生労働省の調査では、男性72.68歳、女性75.38歳（2019年）です。これとは別に、健康寿命を「要介護2以上でない期間」と定義した日本老年学的評価研究の一環として行われた全国調査では、健康寿命が男性79.22歳、女性83.89歳という結果が出ています。

平均寿命と健康寿命の差は、介護される期間であり、健康寿命をのばすことが課題です。

 健康寿命って、元気で暮らせる期間なんだね。

[地域による健康寿命の差が明らかに！]

健康寿命を「要介護2以上でない期間」とした全国調査では、地域によって健康寿命に差があることがわかりました。男性では約5年、女性では約4年もの差があるという結果が出ています。

趣味の会やスポーツの会、ボランティアへの参加、歯科医院への通院の割合が高い地域ほど、平均寿命も健康寿命も長い傾向がみられました。楽しみをもって社会参加することが、高齢者が長く健康でいられる秘訣といえるかもしれません。

	男性（歳）			女性（歳）		
	平均値	最小値	最大値	平均値	最小値	最大値
平均寿命	80.72	77.73	82.77	87.15	85.60	89.57
健康寿命（要介護2以上でない期間）	79.22	76.39	81.25	83.89	82.05	86.46

（日本老年学的評価研究「健康寿命および平均寿命に関連する高齢者の生活要因の特徴」）

平均寿命と健康寿命の地域差

Q11

100歳以上の高齢者は日本に何人いる？

ア 約900人。

イ 約9000人。

ウ 約9万人。

100歳以上の人のことを「百寿者」というんだって。

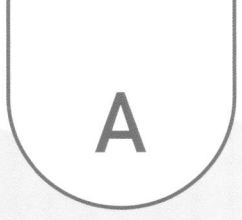

ウ 約9万人。

現在、日本で100歳を超えている「百寿者」は約9万人います（2022年9月総務省）。1963年には153人しかいなかったのに比べると、桁違いに増えました。

100歳以上の1907人を対象に行った調査によると、「3食きちんと食べる」と答えた人が9割を占めました。その特徴は、主食のごはん、野菜類、さらに乳製品・卵・魚介類・肉類などたんぱく質が豊富なものをバランスよく食べています。

また、百寿者には、これまでの人生を肯定的にとらえる人や、夜よく眠れる人が多く、これらも長生きのカギといえるでしょう。

 しっかり栄養や睡眠をとるといいんだね！

百寿者の食事、好きな食べ物は？

高齢になると、食べ物がかみにくくなったり、飲み込みにくくなったりする人が多く、液体状やペースト状にした食事（流動食や軟食）をとる人が少なくありません。しかし、100歳を超える人では、家族が食べるものと同じ食事（常食）をしている人が男性で57.2％、女性で40.9％もいます。

百寿者のいちばん好きな食べ物ランキングは、1位果物、2位魚、3位甘いものとなっています。「何でもおいしく食べる」と答えた人は15.1％いました。

	流動食 4.8%		
男性 (n=537)	軟食 36.3		常食 57.2

軟食&常食 1.7

			1.6
女性 (n=1,290)	10.5%	46.5	40.9

百寿者の食事状況

1位	果物	18.5%
2位	魚	12.3%
3位	甘いもの	10.7%
4位	刺身	9.5%
5位	寿司	6.4%

※複数回答

百寿者のいちばん好きな食べ物ランキング
（公益財団法人 健康・体力づくり事業財団「日本の百寿者のくらし」）

人との関わりで脳が活性化！

　第3巻では、健康に生きるための生活習慣や、元気な高齢者の暮らしについて学びました。食事・睡眠・運動のほかに大切なのは、「人と関わること」でした。年齢にかかわらず、**人と関わることや社会参加をすることで、脳は活性化**します。さらには、将来の認知症の予防にもつながります。

　3章では、働き続ける高齢者が増えていることを学びました。仕事を続けることは、社会とつながる一つの方法です。働き方には、「それまでと同じように働く」「パートタイマーで働く」「ときどき働く」「それまでと全く別の仕事をする」など、さまざまあります。**仕事をすることが社会参加になる**だけでなく、**規則正しい生活を送るきっかけとなるため、健康を保つ**ことにもつながります。自分の体調や希望を第一に、無理のない範囲で働くとよいでしょう。

　社会と関わる方法としては、お金をもらって働くだけでなく、地域のボランティア活動や趣味の会に参加する、インターネットで人と交流するなどもあり、これらも長く元気に過ごすことにつながります。

手紙のやりとりがつないだ

小学生と高齢者、81歳差の友情

祖父母以外の高齢者と接する機会は、それほど多くないかもしれません。
あることがきっかけで始まった小学生と高齢者の文通は2年半も続き、
手紙を通してお互いのことを理解し合い、友情が深まっています。

コロナにより孤立した高齢者に小学生との文通を呼びかける

長崎県佐世保市に住む小学3年生の本村優梨花さんが、同じ市内の89歳の馬場浩子さんと文通を始めたのは、小学1年生だった2020年7月のこと。地元の地域包括支援センターと子ども食堂が、コロナ禍で人との交流が制限され孤独な日々を過ごしていた高齢者に、小学生との文通を呼びかけたのです。

そこで紹介された2人の手紙のやり取りは、自己紹介から始まりました。

『わたしのなまえは、もとむらゆりかです。すきなたべものはさらだです』

『はじめまして。わたしのなまえは、ばばひろこ。すきなたべものは、わたしもサラダ』

『うんどうかいでかけっこで2ばんになりました』

『うんどうかいがんばりましたね。わたしはおもわずはくしゅしましたよ』

文通は、今も月に1〜2回ほど行われています。優梨花さんの手紙には浩子さんを思いやる言葉もつづられ、浩子さんは「お説教じみた内容にならないよう気をつけています」と言います。

一人暮らしの馬場浩子さん、89歳。

何年生でどの漢字を習うのか、参考書で調べながら書きます。

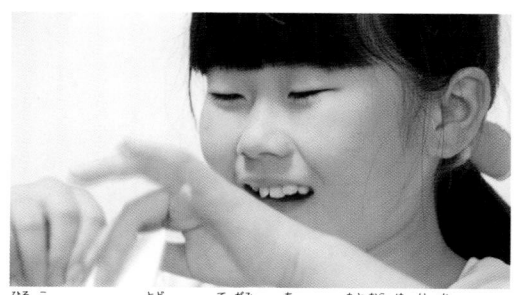
浩子さんから届いた手紙を開ける本村優梨花さん、8歳。

写真協力：本村尚子、TBS NEWS DIG Powered by JNN

本村優梨花さん（8歳）のコメント

　手紙の書きだしはいつも、浩子さんからの質問への答えを書くことにしています。書きたいことがいっぱいあって悩むこともあります。なかなか返事が来なくて心配になったこともありました。
　浩子さんは、私にとって家族みたいに大切な人です。

馬場浩子さん（89歳）のコメント

　優梨花さんはとても心優しく、その気持ちを文章にできる子です。一人暮らしの高齢者にとって、バラエティに富んだ子どもの生活の様子を知るのはとても楽しいことです。
　優梨花さんや妹の優希菜さんには、正直な気持ちを伝えられます。

手紙ならではのドキドキ感が

　優梨花さんが小学1年生のときに始めた文通ですが、今は小学3年生。当初はひらがながほとんどだった手紙も、だんだんと使える漢字が増えてきました。
　「近くの書店で、小学生が習う漢字を学年ごとにまとめた参考書を買いました。もう習っているとわかったら消しゴムでひらがなの文字を消し、漢字に書き直しています」と浩子さん。優梨花さんの成長に目を細めています。
　優梨花さんと浩子さんの手紙のやりとりを見ていた妹の優希菜さん（5歳）も「私も浩子さんと文通したい」と言いひらがなを習い始め、優梨花さんの出す手紙に、浩子さんへの手紙を同封するようになりました。
　「優希菜さんは、はじめはお姉さんの手紙に自分がかいた絵を入れてくれていたのですが、今は手紙になりました。文章もしっかりしていますよ」と、浩子さん。
　SNSやメールなどで手軽にコミュニケーションをはかれる時代ですが、手紙を出してから返事が来るまでの待ち遠しさや、封を開けるときのドキドキ感は、手書きの手紙でしか味わえない楽しみかもしれませんね。
　　　　　　　　　（学年と年齢は取材当時）

浩子さんから来た手紙を見ながら、返事を書きます。

弟さんが引っ越してしまうことになった浩子さんの気持ちを、思いやる言葉がつづられた優梨花さんの手紙。

2021年には、浩子さんと、優梨花さん・優希菜さん姉妹の顔合わせが実現しました。

さくいん

■ **編集協力**
有限会社オフィス朔（松本紀子、吉田香、大熊文子）、
弘中ミエ子、石川哲也

■ **デザイン**
株式会社ダイアートプランニング（石野春加、今泉明香）

■ **表紙イラスト・挿絵**
かわいちひろ

■ **巻頭マンガ**
日生マユ

■ **クイズマンガ・キャラクター**
矢部太郎

■ **カットイラスト**
にしださとこ

■ **取材協力**
株式会社学研ココファン、長崎放送株式会社

■ **写真**
出典は写真そばに記載。

■ **DTP**
株式会社四国写研

■ **企画編集**
近藤想、髙橋桃子

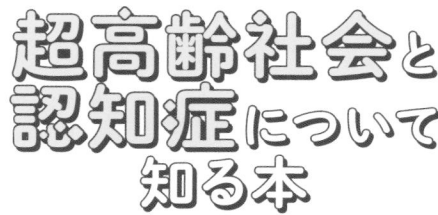

NDC367　監修 長田乾

超高齢社会と認知症について知る本

❸　健康に年をとるために

Gakken　2023　48P　26.5cm
ISBN 978-4-05-501396-3　C8036
特別堅牢製本図書

超高齢社会と認知症について知る本
❸　健康に年をとるために

2023年2月21日　初版第1刷発行

監修　　　　長田乾
発行人　　　土屋徹
編集人　　　代田雪絵
編集担当　　近藤想、髙橋桃子、澄田典子
発行所　　　株式会社Gakken
　　　　　　〒141-8416
　　　　　　東京都品川区西五反田2-11-8
印刷所　　　凸版印刷株式会社

●この本に関する各種お問い合わせ先
・本の内容については、
　下記サイトのお問い合わせフォームよりお願いします。
　https://www.corp-gakken.co.jp/contact/
・在庫については　Tel 03-6431-1197（販売部）
・不良品（落丁、乱丁）については
・Tel 0570-000577
　学研業務センター
　〒354-0045 埼玉県入間郡三芳町上富279-1
・上記以外のお問い合わせは
　Tel 0570-056-710（学研グループ総合案内）

学研グループの書籍・雑誌についての新刊情報・詳細情報は、下
記をご覧ください。
学研出版サイト　https://hon.gakken.jp/